CENTRE CULTUREL FRANCAIS
DE L' OKANAGAN
No. 208-1823 HARVEY AVENUE
KELOWNA, B.C. V1Y 6G4

LA PLUS BELLE ÎLE

ISBN 0-88512-055-8

Copyright par les Éditions Parti pris,
Ottawa, Canada 1975

Dépôt légal Bibliothèque nationale du Québec,
troisième trimestre 1975

Michel Garneau

LA PLUS BELLE ÎLE

Éditions Parti Pris

1.-

oh que la désespérance est jolie cette nuit
que désapprendre fut ardu ce matin
oh que se taire demain semblera vide
mais hier que parler sonnait seul
oh que multiple est écrire aujourd'hui

coconnement neigeux de deux corps équatoriés
lait vers naître en le monde sec
doulourante entreprise de substance sourcière
par les chiffres primaires du mystère
tels je pose les mots que sans mémoire
j'équilibre pour dire ma naissance

un orgue de mes sens dans l'enfance m'endormait dans
une instance de musique
de sommeil en lumière en éveil et en rêve
l'aquarium tiède naviguait l'univers

puis parmi nos mains essayantes
toutes choses vêtues de temps viennent
et des rythmes à rogner à renier
pour apprendre à habiter le présent

2.-

puis grelots dans la mémoire:
les matins levés dans l'herbe
le grésillement du soleil dans la poêle
la ciboulette pluvieuse les buissons insectueux
les pierres où l'eau voyait de l'or
le jeu à la vie des éphémères
et nous avions nos jeux encore

naître dans ses sens
naître aux mains des autres sur son innocence
n'avoir que deux yeux dans des talles de sens
et naître aux yeux aux mains des autres

Oh le tourment des choses enseignées

et la mémoire capitonnée par la vitesse des saisons
par les mouvements du cœur et de l'esprit
et de l'âme impensable trou de lumière
et l'intelligence dont tant je me méfie
quand on la confond avec la solitude

toutes nos mémoires réunies ne font qu'un seul temps
d'où jaillit encore l'horreur prodigue

et pourtant j'aime mon poignet nu
où le temps s'estompe.

écrire

la mémoire

de tous

en tant qu'être — seul — humain

je commence à me connaître où l'amour me précède
nous sommes au monde où la source est profonde
partout le double nom d'amour humain
nous sommes au temps où je veux que me vienne un
chant
où je mette ma voix exercée déjà au chant unique
dedans la voix de tous ceux qui déroulent notre sort

j'écris pour qu'un jeune me lise un jour
comme j'ai lu certains hommes dont je n'ai perdu que
les livres
j'écris pour voir liés les mots sur le clair papier des livres
dans l'amitié des vivants et des morts en cette rencontre privilégiée
je n'écris pas contre la faim la misère la guerre la bêtise
l'injustice et la lâcheté j'écris dedans et dedans
j'écris pour le plaisir par sensualité
j'aime très humainement je n'aime pas tous les hommes
mais je veux qu'ils vivent pleinement
et je veux vivre avec eux où l'amour soit
                              le plus parfaitement possible
j'écris j'écrirai je ne me suis jamais voulu ni maudit ni brute
ni ange oriflamme je sais que ma vérité est basse
qu'elle habite généralement entre mes pieds et ma tête
mais j'ai le goût de l'utile et je crois que le langage
finalement nous unira j'aime la littérature: elle est utile
j'aime des livres où des hommes s'utilisent pour être
utiles
j'écris j'écrirai des choses qui auront l'importance que
vous voudrez
ou pour moi seul les plaisirs et les peines de leurs réa-
lités

9

il faudra bien que se sache que je ne ferai jamais que chanter
et que je ne chanterai que ce qu'il y aura à vivre
il faut que l'on comprenne qu'avec les autres je suis ici
pour l'écrire beau comme possible et que ce n'est pas un luxe
il y a tant de choses à éclaircir et vous savez
vous qui agissez tout ce qu'il y a à dire
si je rêve que dans mon pays l'allure des hommes
m'aide à vivre en la présence simple comme l'or de mon amoureuse
j'ai d'autres envies telles de silencieux départs vers des terres sèches
et des retours feutrés vers la nudité des fleuves et s'en vêtir profondément
j'ai d'autres projets que mon pays dans la liberté que j'apprends à vivre
mais je n'aurai pas d'autre mémoire

sainte-dorothée

pour ce qui est de l'eau
j'ai commencé par un ruisseau
qui s'invitait dans la rivière
comme s'il en avait faim
ruisseaux garants des premiers jeux du corps
et que tout était dans la lumière des choses
que tout mouvement était dans le rythme des temps
bien mesurés par les questions sans réponse et les
prières sans objet

les fermiers ont vendu leurs terres
on a coulé des rues dans mes ruisseaux
on a levé des maisons sur mes sentiers
je ne me plains pas je fais un peu de bruit
en sortant de l'enfance
l'avenue des aventures que m'était la rivière
c'était aussi frontières d'un monde à la mesure
de mes limites à l'image de maisons de doux murs
à colombages clairs à table mise de main de mère
un monde de douillette haute comme un pont
sur le ruisseau du sommeil
sous le toit couvant de la pluie le bruit
d'immenses et fines ailes
quand dehors luisait le jardin replet de secrets
et de surprises sédentaires parmi les fleurs vivaces
un monde de jeux graves où les blessures
s'effaçaient avec leur gloire guérissaient de soleil

aux rapides du cheval blanc
dans de beaux arbres rassemblés
nous entretenions une belle cache
d'où nous voyions toute la rivière
et nous regardions à son heure
le train de nos pères morts en ville
chaque jour dans leur travail de bêtes moites
passer entre les fougères noir et noble
et dans le champ blanchi comme un tapis
un vieux cheval doux comme la mort

au marécage crémeux
nous volions ses lys et ses nénuphars
et chaudement coupables nous retraversions
la rivière vers nos maîtres

que la source était mère du fleuve et de la mer
que ma maison était ni unique ni mienne
que j'étais que j'étais seul
il me fallut un rude automne
pour l'avaler et le comprendre

percé 1945

avant les mots avant le monologue
quand tout parlait
j'avais six ans moi sur ce rivage
roulé dans l'écume sur la grande plaine des varechs
dans l'outillage de galets des plages
qui m'offraient d'infinissables travaux
et j'en ai mémoire tellement précise
que je trahis quand j'en parle
je ne serai jamais assez clair pour cette lumière
sauf peut-être si mon amour veut m'y emmener

baie saint-paul

cette baie est la bonne
où des fraîcheurs couvent
où les montagnes doucissent
sous tant d'aires de vents
qu'on les compte sur les dents
des filles en sourire

île aux coudres

du côté du large l'eau est si froide
qu'on croit que l'île est un bateau
je me souviens d'une grange aux foins sorciers
et de tant de gentillesses et de longs saluts
que mon souvenir est une fierté

trois rivières

aux quais levant leur aluminium devant le fleuve
où mon père et ma mère ont promené
en l'amour de leur jeunesse
avant que les hangars y hurlent
au parc indécent les soirs d'été
aux bars tristes comme de donner à boire à un mort
à l'odeur de la pulpe poisseuse
à ces paysages infirmes
je pense parfois
comme à une vieille maladie

québec

bleue grise et verte
ville des murs du temps
ville d'histoire indécise à décider
attente chant discret
mais le fleuve a tant de force
que le cap est encore véritable
ville qui n'attend que de se conquérir

île d'orléans

dans l'île aux traditions
que le commerce patine à froid
il y a m'a-t-on dit
des jeux ancestraux de pavots
tendus derrières les granges
mais je ne connais que les routes
où les autres roulent
et non les chemins où les uns marchent

pointe au père

en bicyclette de brume
de la bière plein les lunettes
je revenais dangereusement de ce haut lieu du phare
où le fleuve pousse encore l'horizon
et monte par dessus les arbres

les grands bateaux ralentis
les petits bateaux vites
lumières froissées sur l'eau
me faisaient mal aux yeux
je voulais être vieux pour rester sans vacarme
cent trente fois je ne suis pas parti
et je suis rentré dans ma brume intime
où pas de phare utile éclatait
où pas de pilote amical m'embarquait

baie comeau

des plages tellement belles qu'elles sont plus désertes
que le vent du nord
des vents si longs que le temps perdu y dort
une seule route pour tant de paysages
en la quittant l'on pourrait marcher
bien tranquillement jusqu'à la mort

apprenez l'anglais vous mangerez de l'orignal à l'année
vous pourrez lire les journeaux new-yorkais
qui vous prouvent que vous existez

des avions chassent le maringoin
pour que les esclaves aient bonne peau
il n'y a pas de pauvres il n'y a que des indiens
et si peu et si loin
vous n'en trouverez même pas à la taverne " aux
amis "
croyez moi sur parole mes raisons sont personnelles
j'ai haï cette ville comme moi-même

entre rimouski et matane

c'est là que les arbres deviennent noir salé
c'est là déjà que le fleuve devient mer
puisque c'est ainsi qu'on le nomme
et c'est là que j'aurais dû l'apprendre
par tout le corps en voiles ou en diesel
jusqu'à ses moindres belles baies
je m'y serais voulu fort
mais j'étais pris j'étais prisonnier
je ne savais ni voir ni voyager
même à pieds dans ses marées
à genoux dans ses glaces et ses glaises
je n'y ai pas vécu plus que moi
sur ce fleuve aussi j'ai passé tout droit

il ne m'en reste que quelques brumes **privilégiées**
et que d'en être vieux et jeune quotidiennement
il me reste que j'y ai vécu ma première mort d'amour
il me reste que j'y ai lancé
à peine secoué de l'enfance
le filet des générations

les arbres ont toujours l'air d'avoir l'hiver en sève
les êtres ont peur du fleuve
pour lui tourner dos et maisons.
pour voir le fleuve et pleurer sur les villages
montez dans les clochers qui coupent chaque paysage
mais ils sont partis les vivants
acheter la joie et le travail sur la côte nord
ils sont partis malades de terre maussade
blessés de barques crevées
ils sont partis chômer dans quelque hôtel
les prêtres et les notaires ont vendus les pauvres aux
riches

mon corps est en anglais
mon âme est en latin
je ne parle pas la liberté

île saint-barnabé face à rimouski

familière au soleil mystérieuse en brume
cinq fois quatre saisons j'ai salué cette île
qui n'est même pas très belle et meurtrie
de ce qu'on lui assassine tous ses canards et ses sarcel-
les
pas très belle mais belle et comme souple
prenant toutes couleurs de l'air qui l'enroule
parfois nuage bas parfois haute dans la lumière
quelquefois invisible et présente et quasi noyée

les framboises y sont riches à cueillir
les sentiers herbeux s'y laissent conduire
la plage du large tout en rochers sages
polis par la nage de milliers d'années de vagues
où le vent atterre une épave inexplicable
cette grève aigue porte loin et desâge

regardant l'île par la ville c'est toujours
le côté du large que par désir je voyais

rimouski

vingt saisons j'en ai été capable
de ces vingt saisons commençant par un hiver
saisons comme grinçantes sur leurs gongs
difficiles à tourner longues à subir
et le plus beau printemps et le plus doux été
l'énorme automne et l'hiver géant
cinq fois à travers mes nerfs et mon sang
mes muscles et ma peau je les ai tamisés
et cinq fois quand les autres flottaient
cinq fois moi je m'y suis noyé

ville au plus bête niveau vivant
ville où batailler même la plus rase existence
où la solitude est une aubaine chaque jour fêtée
où quelques êtres seulement ont encore assez de sang
pour tenir source à leur sens
j'ai mal aux tempes quand je songe
à ces amis enterrés en cette ville
frontière de l'ennui
en ce corral de l'asservissement

en guenilles dans les tiennes
ville de sang pourri dans les veines
j'ai forjeté le plus clair de ma jeunesse
quand d'autres se font les tendresses d'adolescence
je m'aguerrissais puant de bonne volonté
dégoulinant de société je voulais entrer dans l'adulte
de la vie
les dents serrées pour ne pas vomir devant les hommes

au mépris de mes forces et de ma beauté
vingt saisons j'ai tenu tête et cœur à ta laideur
et moi je me suis enlaidi christ je suis devenu laid
d'avoir tenté de vivre avec toi ville d'argent et de reli-
gion

et maintenant que je n'ai plus à t'assumer
je puis bien te rendre quelques heures de mépris
pour les vingt saisons où j'ai appris à vivre malgré toi

vaudreuil

sur des rives à jonc mon frère eut une maison
plus petite qu'un bateau à voile
il fallait y courir l'hiver dès le tournant
tant elle appelait tant elle tentait la joie
bougeaient buches en foyer en cette maison
dont mes frères tiraient bon parti
côté chaleur et lumière et rond d'amitié
dans mon auto couleur de dettes
j'y suis allé un printemps
un automne sans m'arrêter
n'y sont tellement plus mes frères
que même le paysage a vieilli

rivière du loup

j'ai mémoire de temps pluvieux
sur collines sous goélands
où je fus invité à déplier toute ma peine
dans l'herbe mouillée pour une attente pleine
de la grande lessive du soleil

j'avais un jeu chercher l'horizon
parmi les multiples du fleuve
et décider vrai le plus haut
j'avais d'autres jeux aussi
parler très doucement
aux gens des bateaux
augustes dans le fleuve
de ce que je m'étais tu

richelieu

en mon automortelle j'ai aussi connu de vue
d'autres aires de belles eaux
d'autres rivières bien venues

le lien d'enfance avec l'eau
si ténu soit-il
me tient encore en bonnes pluies

puis nous avons pris maison en ce lieu
et je dirai un jour comment il est l'âme de mon pays

et même ici déjà ici à montréal la bâtarde
le fleuve est mer
et si mes ruisseaux sont morts
si je suis mort pour ma rivière première
maintenant la plus belle île est celle de ma ville
de ma ville à faire de ma ville à défaire et à refaire
tous nos paysages sont à prévoir ici
toute notre mémoire est à construire
je me suis vidé de toute nostalgie
pour dire la dure détermination
d'aller jusqu'au bout de la liberté commencée
de faire claquer le fouet du mot québec
et que si le fleuve est mer
c'est nous qui sommes cette terre
que nous la nommerons à notre mesure

je l'ai trouvée j'ai ma compagne
aujourd'hui solitude plonge au chant d'une force
de se savoir multiples lieux de départs
pour des randonnées l'un vers l'autre
dans les folies de la neige
espiègles parmi les dessus blancs et bleus
de la campagne où nous ferons campagnes
éclaireurs d'années-lumière où nos yeux s'éclairent
navigateurs des chutes blanches de nos corps à corps
lumineux dans nos terre à terre
quand nous écoutons ronronner le cosmos

et le printemps s'en vient le plus moelleux
où j'aie jamais marché avec en fin ma compagne trouvée
après des printemps qui ne manquaient pas de sève
après des rencontres qui ne manquaient pas de tendresse
mais ce n'était pas la fête ce n'était pas la liesse
ce n'était pas le printemps que ce sera
en confiances de sources certaines
en l'accordance et dans les largesses d'espérances
dans les liens en gerbe émouvante comme sa taille
où la nature de mes mains s'éblouit en fierté originelle

elles étaient faites mes mains pour l'épanouissement de
ma compagne
quand je croyais qu'elles ne passeraient qu'étrangères
jamais
sur les pourtours secrets de beautés prêtées

elles étaient faites mes mains pour la garder ma compagne
quand je les croyais tout juste bonnes à effacer le
temps

elles sont faites mes mains pour l'accompagner dans
les profondeurs
de sa tendresse vers les hautes sources de son amour
dans les parcours chemins en flèches et ruisseaux de sa
passion

elles sont faites mes mains pour se vanner
avec les siennes en la gerbe de nous-mêmes
et nous tenir cambrés ensemble dans l'allure des sau-
mons
les beaux poissons que leurs amours voyagent

elles sont au monde nos mains
pour les variantes de nos corps où la jeunesse avance

je l'ai trouvée j'ai ma compagne
et nous demandons l'été pour nos émois
la saison douce où les baisers se noient
dans la caresse des souffles
sous les carênes du vent
chaleur contre chaleur nous aurons pourtant
les fraîcheurs de la tendresse notre rosée
et nous imiterons les jours de grand lumière
le jeu solaire dans nos tours de joie

je l'ai trouvée j'ai ma compagne
pour des automnes où rien ne se fane
où tout se tend vivant contre le rêve du froid
et se couvre de force sous les hivers véritables
beaux coups de fouets sur la patience
notre saison difficile et la plus belle
conquise par toutes les sortes de feu

je l'ai trouvée j'ai ma compagne
et les quatre saisons nous ensemencent
elle me cherchait enfin je l'accompagne
et les saisons à quatre nous recommencerons
jusqu'à ce que l'une d'elles nous choisisse
et nous désâme et nous incorpore à l'ordre du sort

ma vraie jeunesse si notre chance besogne bien
et je la fouetterai pour l'ouvrage
nous aurons un princier cheptel de saisons
à l'heure du dernier sourire de la dernière saison
et ce sera fameuse floraison qu'en nous on dégerbera

je suis de ton bord
je te prends au mien
sur la mort immense encore

un de mes quatre matins
je m'y noierai comme chacun
et je serai sans peine
je serai certain
je serai soleil et aube
et aube et soleil
autant que je suis mortel
je serai naturel
et la nature n'est ni bonne ni belle
elle est vraie et nous sommes dans le même bateau
je suis de ton bord et je te prends au mien
et oh que nous sommes jeunes et forts
avec la beauté de notre bord
et la vision tendue entre nous comme une voile
d'avoir raison jusques aux rêves

je suis de ton bord
où tu m'aimes je veux vivre et voyager
et je te prends au mien et je t'aime
et je te vis et je te voyage

il me faut ô merveille inventorier un amour
en suivant le cercle pur du seul vrai langage
en suivant le mouvement de vivre vers toi
comme l'arbre vers le solaire
et je te serai solaire aussi dans le quotidien touffu
et volontaire et jouvence comme les vieux chantent
en plantant des rangées folles de peupliers
pour emprisonner l'horizon qui partait

je fête la fleuve fête de ta présence
et ton cœur et les formes de ta voix
la rivière fête de mon émoi et ma force neuve
et la source fête de ton amour
et ma chance d'y être
j'annonce l'énergie double du bonheur
et je fourbis dans le cliquetis patient du poème
nos armes pour le conquérir et le connaître

encore j'ai peur encore j'aurai
c'est le sort de merveilles que d'apeurer
c'est lot de la source que fragilité

je sais la chance malhabile
où la beauté n'est pas plus dure
qu'ailes de mouches qu'œuvre de rosier

mais je veux te garder
dans tes forces pures
que tu m'effleures ainsi qu'un constant jardin
que tu me gardes dans le temps certain

mais tu m'es si précieuse
que je crains que mes mains
te soient mauvaise liberté

mais toute peur meurt quand jaillit de toi
le regard pour quoi je vis
celui qui m'ouvre toute force
et me force à tout abandon

le regard qui me fleurit des marguerites
que tes mains murmurent en traçant nos signes
et me feuille en arbre et en arbre me soleille
pareil au soleil charnel déjà en moi qui veille
où je dis éveillé en dehors de toute peur
où je dis l'amour de toutes mes voix
où la peur se fait gardienne de l'effroi de te perdre
et porte la tendresse en chacun de mes gestes

ta joie m'aimante je tourne vers elle
comme le tournesol vers le soleil
pour qu'elle nacelle nouvelle sans cesse
parmi la folie des choses et la belle harmonie
où la mienne se lie à ses gestes ouverts
où tu me donnes à prendre le meilleur de mon double
au beau milieu de la bonne vieille dualité
autour du pivot faillible de la solitude
librement comme je te prolonge en t'appuyant
et tu es la marée et tu es la pleine lune de mon amour
chaque jour enrichit le sol quotidien
d'où fleuriront les nouveaux alliages
pour resplendir à notre force
et tout dépenser et tomber nus
parmi les glaciers de la mort
fixés dans notre forme finale
belle comme le courage gagné
et la force tenue serrée
la tendresse à s'en tuer
belle comme le désir est à désirer
et le temps à jeter par les fenêtres
car c'est ainsi que nous sommes riches

c'est le corps qui rit le mieux le rire du grand pavois
c'est le corps qui dit le mieux l'état d'ensemble et d'à
la fois
le discours d'en même temps même mouvement
c'est le corps qui dit qui rit c'est le corps de nous deux

l'univers nous fond dans la bouche

il n'y a de fond de vent plus uni que le frisson
voyageant de l'un à l'autre de l'un à nous

la liberté nous tient par le cou
comme par le cou l'on se retient
le vrai langage est à nos mains
pour forcir encore le lien
nos corps nos amis qui se le disent
et j'ai respect pour la joie de ces amis
comme devant la mer et devant la forêt

quand je vois que nous nous aimons
la neige festonne sous nos raquettes
l'eau clabousse parmi nos bras
les fougères s'affolent entre nos jambes
les nénuphars fleurissent dès qu'on les touche
les arbres montrent leur point faible
par où leur chute doit être ouverte
les érables apprivoisés craquent déjà
comme sous le toit le lit de bois
le canot bleuit le fleuve jusqu'aux talus
des témoins dans la poudrerie des temps
applaudissent à notre course

quand je vois que nous nous aimons
j'entends qu'on cherche la fibre du bois
j'entends peindre de l'olive
dans le portrait du creux de ton dos
j'entends l'orgue de tous nos sens
se hisser à la musique d'un voilier

quand je vois que nous nous aimons
je suis ému par les grands animaux
les mots pour caresser les orignaux
tu me les éblouis de la cheville au cou
tu me les infinises dans le dos
et je me fais pures caresses
sans plus de poids que d'elles
je tiens en toi comme caillou dans la paume
clairière je suis n'importe quoi
où tu respires et où tu bois
je suis n'importe où toujours
où tu sois où nous nous recevons
dans la métamorphose des solitudes

la pomme sûre de l'angoisse peureuse dans la gorge
les serres chaudes du cauchemar aux éveils sans fin
le doute lourdissant le regard
dentelant chez toi son beau trait droit
ainsi se tamise le bonheur
autant de fois mes mains gestes de pluie dans ton dos
trembleront
autant de fois je craindrai d'être lourd à ton épaule
dans l'incertitude que mon cœur physique rythme
incertitude peurs cochonneries de la mémoire
lumière molle feu mouillé qui fume pomme sûre
stérile petitesse de l'expérience quotidienne
regard sournoisant vers le passé déployant ses pièges
j'accepte tout: de l'ombre à l'écho
accompagnant les ondes vives de nos liens.
la musique du présent alchimise tout
et j'en cherche l'or pour chanter à présent
je prends tout de nous puisque tout s'échange
semis semences bras embrassés mains amoureuses
dans un jardin où farouchent les fleurs du choix
et la fleur de la sérénité possible
et la rose cardinale de nos corps
libres vents liés par la justesse des gestes

nous sommes loin de nos voyages
nous avons peu de temps pour nous goûter
c'est le temps du désoleillé
et nous rêvons aux rêves où se contenter
de nous-mêmes à même la joie
de la joie à même nous
de tous plaisirs où s'ébrouer

nous avons peu perdu de temps depuis longtemps
et je sais bien où il s'en va
dans nos travaux nous approprier
ce qu'il nous faut de l'ordre de la beauté
dans les choses pleines où le quotidien brille toi dans
ton métier tu m'émerveilles
tu m'offres forces pour le mien
je suis content de ton intelligence
et je suis heureux de nos travaux

nous irons au bout des voyages
infiniment nous rencontrer
en tous langages nous ferons la vie
comme elle est quand elle vit des amis
et qu'on la fête du mieux de sa liberté

jamais dans le voyage d'être
j'étais allé aussi loin aussi
un courage veut que notre fête
roule jusqu'à l'arrêt de la roue

nous n'avons jamais tant habité
nous n'avons jamais tant voyagé
nos départs et notre demeure
que nos bonheurs rassemblent se ressemblent
les mêmes liens nous sont amarres
les mêmes liens nous emmènent
et de ces liens je nous pavoise

car le bonheur est œuvre haute
dont en vie nous sommes libres
et ce temps je le veux son domaine
et son avenir je le veux conquêter
conquérir haut l'amour
envahir de nos soifs
réussir de nos forces
je chante haut dans ma confiance
je me tiens bien dans l'espérance
c'est à aujourd'hui que j'avais rêvé
c'est vers toi que je suis parti un jour

de l'éveil du noyau tendre de ton cœur
nait le fruit ferme d'un geste pur
dans tes jambes en plein sommeil
tendre tendresse un geste de l'âme

je dis: ton cœur comme un ancien
je dis: ton cœur pour te dire toute
je dis: ton âme comme un qui veille
sur les mots repris à l'enfance

ta jambe a nagé intime
mouvement parfait plus long et souple
dans mon temps qu'un saut par dessus vagues
tu m'éveilles dans ton sommeil
tu dors à belles dents dans le rêve

j'ouvre regard je vois la source
c'est nous reposés qui jaillissons
et l'amour est de notre eau
j'ai la poitrine comme une foire
et des sens comme aires de loutres

tu me touches plus profond
que j'ai de moi-même notion
cet infini de toi où je rêve d'être
tu l'habites en ce moment
et je n'en suis pas jaloux
tu m'en fais signe d'un rêve

où je ne suis pas errant
je ne risque plus rien
tu me rêves

au fabuleux sondage de la pureté
je me frotte à tes paupières
et tu m'entends

et je t'attends
je suis féroce ce matin
dans le mords à vivre
j'ai grand hâte que nous riions
grand goût que nous éclations de sourire

nous sommes en saisons l'un pour l'autre
gourmands gloutons safres larrons en fête
les bêtises de la solitudes s'écroulent sous nos jambes
ce méchant vice moderne s'émiette sous nos voix
et plus encore tu me livres clair en chair
le mouvement chaud de nos liens

je suis content d'un contentement ouvert
et j'en ai le désir de la voix multiple
pour dire de l'amour la permanente allure
et sa force destinable vers les places de la joie
tout éclairées d'années lumière

quand le dernier échec aura été réussi
et que l'amour enfantera de la liberté
et que nous serons encore parmi
les premiers enfants
du très souhaitable monde habitable

je sens parfois naître ton visage sur le mien
parfois j'en suis sûr je me mets à te ressembler
j'ai ton sourire parfois et même parfois ton rire
et je sais comme je sens qu'en cette réalité
où notre amour nous précède nous nous ressemblerons
de plus en plus comme pènes et peines
comme la bronzure me blondissait
quand j'agissais avec les rigueurs de l'enfance
comme l'été qui descend me blondira
puisque je suis à nouveau en joie

derrière mes lèvres où tu frôles l'émoi même
où sans mots je t'aime comme on ne voit que la mer
je ne vois que toi jusqu'à plus loin que le regard

parmi l'eau fraîche du sommeil jeune
je t'arrime aux tempes semences de caresses
et tu fleuris comme une planète
toute doucie sans autre poids
que ton souffle sous ma joie discrète

aux parcours probants des rêves
que ma main guide encore peut-être
ta conscience comme une neige
dispersée dans toute la beauté corporelle
devine tout ce qui sans cesse vers toi me mène
devine qu'enfin je ne suis en fait
qu'un long chemin qui m'emmène vers toi
ta conscience sous la neige fine du sommeil
entend que mon amour te chante à l'oreille
la chanson du travail de vivre
que tu m'as rendue légère
que tu m'as donnée chantable
chanson du plus profond plaisir
qui pourrait bercer même la nativité de la mort

au grand fond de mes os que la mer colore encore
un rythme prend pouvoir sur mon souffle
une éternité porte une force
qui me verse des cailloux noirs
dans la source de la voix
une forme pure de la vie t'attend autant que moi

la harangue du soleil je l'entends seul
un jour d'avril de notre deuxième année
et ce jour ne nous est pas renouvelable
j'en ai peine plus coupante que peine d'enfant

reviennent tes lèvres et ta nuque à réveiller
reviennent ta voix et tes lèvres à colorier
reviennent ton souffle et les fleurs de ton allure
que soit finie la chute de l'abscence
dont je me défends mal avec la chanson des mots

colorier
dolorier
colorier dolorier colorierdoloriercoloriedolorier

seul lointaine tu es mienne tu es loin
tu me promènes ailleurs

nos mémoires sous nos vies nouées n'apprennent plus
rien qu'en nous

as-tu part d'ombres aussi que tu attends que j'éclaire
et des hontes qu'un mot de la main efface

seul bruissant quand même de ton regard sur moi
douloureux je traverse un bonheur dur où ton absence
domine
et je suis assis sur mon ventre et j'écris un poème
poème pour toi poème pour le monde
les mots tournent parmi les choses un instant puis pa-
piers brûlés me retombent sur les doigts
j'aimerais mieux mon amour la télépathie
que t'écrire les vieux mots écrits
les chenus les effiloches les fantômes les fameux séma-
phores
d'avoir vécu les vrais les sonores
du dit de la voix mêlée qui brasse le bonheur
d'une musique première première entre les musiques

poème poème poème je n'en suis pas si fier
mais c'est mieux qu'errance
et que pardonner au temps qui me lâche

j'avais des amis je m'en souviens
qui passaient mon temps quand je tuais le leur
je faisais des folies je m'en rappelle
je suivais les chiens dans les ruelles
je respecte maintenant leur domaine
et la peine de mes amis
puisqu'il est vrai qu'être sans toi
c'est affaire entre toi et moi
autant de gestes encore à échanger
encore de la vie que l'on dépense
l'éternité derrière nous
parce que j'avance à te connaître
et que ton temps s'ajoute au mien
et que mon temps s'ajoute au tien

hier tu regardais la ville
Montréal entre tes cils
brillait d'un équilibre du soir comme une robe
ce soir Montréal me griffe
et force que je t'attende rigoureusement
ancien fanatique de l'instant
le présent est toujours mon ami
mais je suis fanatique maintenant
d'être la vie que nous voulons
les jours et les nuits liés
dans le grand œuvre de la tendresse

tu m'es arrivée comme une ligne de vie
du cœur de ta main m'irait silloner
tout le corps par caresse
et je vis au jour la vie
avec la mort pour seule division
avec la mort qui ne vient plus tout droit
qui ne vient plus sans passer par nous
qui vient être l'envers
la nuit où nous ne dormirons pas
dans l'amour de l'autre
dans la veilleuse de la volonté
et l'abandon et la joie

beau monde tragique belle terre
tourmentée de volcans de cataclysmes
beaux hommes ahuris de massacres
courageux sort tourmenteur maladies
et sur toute vie le feu gluant de la douleur

braves gens gens méchants humainement
dans la réalité de l'irréelle solitude vécue
quelques années nous tombent dedans
en un mouvement de fruit
et notre fin vient en si peu de chose pourri
et quand même triomphe l'avarice de la solitude

humble éblouissant cheminement des vies
petit jeu magnifique des circonstances
marquées des coups à donner et à recevoir
en cherchant l'être et la manière
de ne plus jamais meurtrir
d'être bon bon bon d'être vrai vrai vrai

monde miroitant d'oiseaux
monde des fougères et du tonnerre
monde invraisemblable où tout est vrai

les cheveux en quatre même ceux d'un dieu
je n'arrive pas à les couper
que m'importe monde ensoleillé
que je rêve que je vis
que je vive un rêve
je sens je suis ici
naïvement unique dans de la chair d'homme
j'interroge debout petit enfant des hommes
cosmonaute sédentaire je me dresse
dans l'air confortable je t'interroge
monde de mondes de mondes
pauvre monde fabuleux je t'habite
et je te crée dans mes réponses
dans les voyelles de ton absurde réalité
je suis heureux
pas à cause de moi à cause
à cause d'une femme
à cause d'une femme de ce monde
qui s'ensoleille dans l'air admirable
et qui chante dans ses cheveux
je suis heureuse

et nous nous rions dans les oreilles
que ça fait deux malheureux de moins sur la terre
nous nous rions dans les yeux ouverts à la peine
et nous savons que nous venons au monde
nous arrivons nous sentons frais
nous nous secouons de notre rosée
nous nous étirons en vérifiant
qu'il nous fut donné de bons corps
et nous sommes bien sur la terre
nous voulons vivre nous voulons être heureux
ce nous est le but la cible le moyen le chemin
ce nous est le plus digne de force et de courage
et nous ne comprenons pas pourquoi le bonheur est
mal vécu
pourquoi le mot même chez les gens de tête est désuet
le mot seulement car le regard chercheur ils ne le per-
dent pas
pourquoi le bonheur chez les gens de cœur est affaire
secrète
interne postulat de leur cœur discret

chacun se lave de sa naïveté
chacun se déshabille de sa beauté
et miné d'une indicible maladie
se gave des drogues du malheur
faut-il aimer la ruine pour se détruire
nous dont c'est le sort intime que de durer
à peine plus longtemps que les mouches à feu

de l'unité la plus évidente
du geste le plus vaste
des actions d'amour où la vie est plaisir ramassé
dans un infini d'espace et de temps
où l'on s'attend
vie et mort se partageant le cœur
où l'on parle le langage élément
de l'acte amour où la vie erre
où la vie se prend au filet de l'humain
on a fait honte on a fait maladie

chacun passe par le crible du désir
chacun pas une exception pas même
en notre folklore le fils d'un dieu
chacun de nous d'avance accordé au sursaut de la
mort
il n'y pas pas quatre chemins pour venir au monde
ni pour en sortir il n'y a que ce travail humain
du désir qui geint comme une joie
chacun de nous fut d'abord ainsi vécu
feu d'artifice parfait bombe atomique filante
dans le sexe de son père parti se coller
en le creux le plus dieu de sa mère
quotidien mystère humain désir clarté
il n'y a pas de quoi envoyer son corps au diable
et le bonbon de son âme au bon dieu
il n'y a qu'à prendre terre qu'à prendre désir

et sentir à son tour en soi des enfants
admirables comme le plaisir germes dansants
qui ne peuvent être que choisis
parmi les fleurs énormes de toute la terre
gonflées de naissance aussi
que le moindre vent engrosse encore
parmi les grands oiseaux qui descendent sur les plages
en des danses infinis d'amour
et les dessins que les bouts de leurs plumes
inspirent au sable se nomment poèmes

que chez nous hommes pleins de paroles
le langage du bonheur est pauvre
que le langage du plaisir est chiche
qui tiennent dans des livres
ortographe précis sur des portées sans musique
et jusqu'aux mots qui fleurissent dans la gorge des enfants
et jusqu'aux mots généreux qui poèment les murs
qui nous font honte et hypocrisie
toute joie toute célébration sont suspectes

je suis heureux à cause d'une femme

déjà mille fois le monde a été transformé
et la vie a été changée
l'épée s'est faite baïonnette
et la poix devient napalm
et la haine pourrit les visages
et l'on n'ose soulever les masques de la misère

et je suis heureux à cause d'une femme

avec nuit et brouillard
avec les gitans désaccordés
avec l'ombre sur le Japon où le soleil s'est écrasé
avec les fleurs piégées du Viet Nam
avec l'île coulable de Cuba
avec le regard sur moi des Indiens d'ici
avec le regard sur moi des Indiens de là-bas
avec le cante jondo des bombes perdues
avec le blues des marches lentes
où la mort de la peur fait peur aux forts en haine
avec l'impatience Québecquoise où la force se dénoue
je suis heureux à cause d'une femme

à cause que d'un couple
je me sens la part et le tout
je ne suis pas seul
je parle et je suis entendu
que mon couple m'abandonne je retournerai
peut-être sous le langage
et j'en aurai toutes les nuances
mais aujourd'hui je dis amour
mais aujourd'hui je dis bonheur
et je dis que la source est là
et je dis que l'océan final est là
que les couples sont la chance du monde
et que toutes libertés doivent être atteintes
que chacun ait chance d'amour
que tant que toutes libertés ne seront atteintes
nous ne sommes pas sortis de la mort

que malheur et destruction
on ne détruit jamais que soi-même
que malheur et destruction seront nos seuls échanges

et nous ne sommes pas sortis de la mort

il me semble puis-je le dire
il me semble que j'en sors

je vis vers la vie
et je parle pour le couple
que chacun ait chance d'amour

mon éclaircie constante
ni ombre ni lumière mais matière
parente de ta chair
mon éclaircie

ton regard te précède où tu viens à moi
je vois à des milles(comme un lynx)(je te cherchais)
ton allure ocelée de l'eau la mieux allante
où l'éclat de l'amour m'aborde en apogée de prisme

mon éclaircie m'enveloppe
mon amour mais ton regard
j'y suis un enfant lové
dans les fastes d'une fourrure
ancestrale des temps des si hautes bourrasques

mon eau si humaine à la margelle de tes cils
mon sentier d'images où je m'avance
regard parmi le mien qui le double
jaillissement qui m'habite comme la mémoire
et ma mémoire en est conquise

j'en ai double vue bonne prise
sur une vie où s'avancer doublement

je sais assez d'où je viens
pour n'y retourner jamais

regard ma chance de voir clair
regard tes yeux regard nacelle
berçant les fruits de l'âme
croissance visible des signes
des actes insignes du bonheur
sentier de vive vue présence âmée
qui s'ouvre en moi avec un bruit
de naissance de source et du souffle
à travers la première eau des lèvres
quand tu m'embrasses toujours une première fois
âme qui éclaire en moi des clos d'ombres
que la fin d'enfance m'avait clôturés
j'en suis nu je suis naissance
et puissance de l'innocence
regard ma clairière appropriable
il m'ouvre le cours profond de ta vie
qu'il me livre en liberté
il me déclenche en la mienne
avec regardant en moi
l'amour en cet éclat

beauté ton regard en la beauté regarde
le monde s'y nourrit oui le monde
j'y goûte ma forme j'y modèle ma joie
j'y prends destin comme on prend les armes
comme nous prenons pour aller ensemble
plus loin que seuls nous ne sommes allés
forces de tous alliages de tous liens
que nos regards rassemblent.

une dureté m'incarne pour te rencontrer tout entière
j'ai la même en l'âme pour t'aborder totale

le moindre mouvement dont notre joie s'émousse
et nous sort de la clairière
où nous porte le plus clair de nous
je le rentrerai dans le temps
j'en effacerai jusqu'au sillage
par les violences de l'amour

je deviens par toi

nous ferons que notre vie suffira
o ma plus fascinante que la mort
sans toi je serais mort et mille fois et une fois encore
et je sais comment et pour de bon
et dans le désarroi
et dans la nuit de la désunion

une dureté pour me couler dans ta force

je constate des violences

je proclame le droit de s'armer l'âme
contre tous les viciés de la solitude
je célèbre le saccage de nos retenues
et la mise à sac de nos réserves

l'indifférence tuée raide par la valeur de notre rencontre
j'ai goût de combat contre le flou fuyant au fond de
nous

un matin fou nous aurons déchiffré
au plus noir de nos mémoires
tous nos mûrissements l'un vers l'autre

nous avons rendez-vous avec le même regard

aujourd'hui c'est jour de parole
pour lier de temps en temps les temps de notre vie

je suis de tes peines et de ta solitude
je suis de ton amour né de la même douleur
je suis de ton enfance et de ta jeunesse
je suis de ton enveloppe et de ton dedans
je suis de ton amour je suis de ta vie

tu es de mes peines le regard qui les fait force
de ma solitude le principe qui me met au monde
tu es de mon amour la naissance à l'unité
dont je n'ai plus douleur de la naissance
tu es de mon enfance la vraie fleur
de la conscience qui s'ouvre enfin
tu es de ma jeunesse le plus mordant dans l'espérance
tu es de mon enveloppe la joie dans la suite de l'âge
tu es de mon dedans le feu du désir d'être
tu es de mon amour la réalité du désir
tu es de ma vie l'immense rythme du réel

aujourd'hui c'est jour de la parole
pour te toucher pour te toucher pour te toucher

quand tout sera dit
nous aurons des âges de statues
et du silence dans les gestes
je te coucherai à mains nues
dans le hamac des brises de la mort
tu me coucheras à mains de peines
dans l'herbe bleue de ta mémoire
nous aurons pleuré déjà notre fin
avec de l'engoulevent dans la voix
avec du fleuve dans l'âme
avec toutes ces choses pour être ensemble
les choses de la beauté
qui ne sont que des liens tu sais

et nous portons au cœur déjà
comme fleurs à l'oreille
l'absolu drame de se perdre

comme prend une soudure
nos forces gonflent douces et dures

l'eau parmi la roue du moulin
blanche et bleue aux claques des pales
torrent très entraîné fait le même trajet
que parallèle notre jeu sanguin fait

comme prend une bouture
s'agitent et se calment nos sommeils
tout avancés dans nos aubes où s'annonce
l'infinie variété de nos âmes
de nos âmes oh
tous les mots maintenant me viennent et me vont
jusqu'où leur forme claire m'entraîne
jusqu'aux grandes ondes de l'éternel amour humain
qu'elles nous inondent
jusqu'aux grandes voix du très mortel amour humain
qu'elles veillent à la pureté de notre langage
jusqu'aux maîtres en le principe d'amour humain
couples inconnus et tranquilles éblouis par la mort
amarrés à la douleur et à la force en le hâvre d'eux-
mêmes
qu'ils nous aident à tendre au prisme de la conscience

jusqu'aux possesseurs possédés de la tendresse
que nos voix se partagent les longues bourrasques de
la joie
les rafales joueuses de justesse de quelques mots incar-
nés
que ces mots de l'âme s'en aillent par voies mystérieu-
ses
et par le plus clair de mon travail
vers les rires d'une fête de soi dont l'autre est le poids
dans un monde où l'on ne soit pas une proie
mais hommes et femmes d'amour comme nous y avons
droit

comme brille une soudure
comme la branche bouturée prend et rend vie à son
double
dont elle justifie la meurtrissure
j'inscris ici notre amour en des mots alliage
alliage o métal de notre rencontre et de nos amours
moelle mots moellés moelleux mots
alliage visible floraison du dedans
à dire dedans des mots
durs comme soudures
tendres comme boutures

Table des matières